AF359501

INSTITUT DE FRANCE

ACADÉMIE DES BEAUX-ARTS

NOTICE

SUR LA VIE ET LES ŒUVRES

DE

M. ÉMILE SIGNOL

PAR

M. LUC-OLIVIER MERSON

MEMBRE DE L'ACADÉMIE

Lue dans la séance du 25 février 1899

PARIS

TYPOGRAPHIE DE FIRMIN-DIDOT ET Cⁱᵉ

IMPRIMEURS DE L'INSTITUT DE FRANCE, RUE JACOB, 56

M DCCC XCIX

INSTITUT
1899 — 2.

INSTITUT DE FRANCE.

ACADÉMIE DES BEAUX-ARTS

NOTICE

SUR LA VIE ET LES ŒUVRES

DE

M. ÉMILE SIGNOL

PAR

M. LUC-OLIVIER MERSON

MEMBRE DE L'ACADÉMIE

Lue dans la séance du 25 février 1899

MESSIEURS,

En 1880, à un jugement d'esquisses du concours de Rome, je me rencontrai pour la première fois avec Émile Signol et j'eus l'honneur de lui être présenté.

Je ne crois pas manquer de respect à la mémoire de ce maître regretté en rappelant qu'à l'époque où j'étudiais à l'École des Beaux-Arts, il passait parmi les élèves pour être le défenseur acharné et irréductible de traditions, qu'avec la désinvolture habituelle à notre âge nous traitions de surannées. En vain ses élèves nous disaient-ils l'esprit large de ses leçons, ses conseils exempts de parti pris, l'intérêt qu'il témoignait aux recherches neuves et aux audaces de jeunesse; rien ne pouvait nous convaincre, nous refusions de croire au libéralisme de ses doctrines, à l'éclectisme de son enseignement.

Signol avait vécu en pleine lutte des classiques et des romantiques; Ingres et Delacroix étaient dans tout l'éclat de leur génie. Il avait assisté à la naissance de l'école néo-grecque et vu passer sous ses yeux les productions les plus outrées du réalisme. Il n'ignora pas l'impressionnisme et connut même, en ses dernières années, les premiers assauts de l'*art nouveau*. Mais il ne s'enrôla sous aucune de ces bannières et ne prit part à aucune de ces batailles. Il suivit toujours la route droite qu'il avait choisie dès ses débuts, sans se laisser jamais troubler par l'agitation qui l'entourait et qu'il traversa calme et fort de ses convictions. Le style impeccable d'Ingres, la fougue de Delacroix, les recherches raffinées des néo-grecs, les brutalités des réalistes, les aberrations des impressionnistes, de tout cela rien ne paraît avoir laissé de traces sensibles dans l'œuvre de Signol. L'antiquité, Poussin, Le Sueur, plus tard les maîtres italiens de la Renaissance furent ses éducateurs et ses guides. Pour certains esprits, une telle sagesse était condamnable. Aussi est-ce certainement son respect absolu du passé et son indifférence complète pour le mouvement moderne qui firent naître parmi nous une appréciation que, moins que tout autre artiste, nous le verrons, il méritait de voir attachée à son nom.

Quoi qu'il en soit, et lorsque je me trouvai près de Signol, l'accompagnant dans l'examen des esquisses soumises à notre jugement, tout ce passé de souvenirs d'ate-

lier me revint en mémoire, et c'est avec curiosité que
j'écoutai le maître donnant son avis, distribuant l'éloge,
plus rarement le blâme, avec un esprit plein de vivacité,
d'indulgence et d'à-propos. Et je m'aperçus bien vite
comme ses élèves avaient raison de vanter sa bienveillance
éclairée et combien nous le connaissions peu, nous autres,
qui le croyions sensible seulement aux traditions arriérées.

Je n'oublierai jamais certaine esquisse d'un modernisme
des plus violets. Les jurés passaient indifférents ou sou-
riants, quelques-uns révoltés. Émile Signol s'arrête, regarde
cette toile, l'étudie, et, discernant au milieu de touches
incohérentes des intentions délicates, un sentiment d'art
réel, en fit si heureusement valoir les mérites qu'elle fut
reçue, même j'ajouterai dans un bon rang. Devant cette
marque d'indépendance, manifestation d'un esprit ouvert
à toutes les tentatives d'art, pourvu qu'elles fussent sin-
cères, je fis amende honorable, et la légende de je ne sais
quel classicisme, poussé soi-disant à outrance, jusqu'aux
limites les plus reculées s'effaça à tout jamais de ma
pensée.

Émile Signol naquit à Paris le 16 avril 1804. Ses premières années se passèrent dans la boutique de son père,
petit commerçant du faubourg du Temple, milieu fort
humble, où les questions d'art ne remplissaient guère les
conversations journalières. Le premier entourage de Signol
ne fut donc, on peut le croire, pour rien dans l'éclosion
du goût spontané qui poussa de bonne heure le futur
artiste vers la peinture. A onze ans il entre dans une institution dont les élèves suivaient les cours du lycée Henri IV.
Il obtint vite des récompenses ; pour le latin particulière-

ment il se trouve à la tête de sa classe. Il n'en faut pas davantage pour troubler son père, lequel, pris de craintes étranges, apprécie à sa façon les succès de son fils : « Que voulez-vous qu'il fasse plus tard? disait-il, toute sa science et son latin ne le conduiront à rien de bon ; il tombera bien sûr dans le désœuvrement et la misère. » Et pour écarter les malheurs qu'il voit suspendus sur la tête de son enfant, il lui fait quitter brusquement l'institution Dabot. Le jeune Signol avait alors treize ans.

Plein de respect pour la volonté de son père, il accepta, en apparence sans murmurer, une décision que n'avaient pu empêcher ou retarder les supplications du proviseur du lycée, celles du chef de l'institution, ni sans doute celles de sa mère. Il obéit ; mais il conserva longtemps le souvenir du désespoir profond dont il se sentit accablé le jour où il dut abandonner ses classes.

Adieu les Grecs et les Romains! Désormais il lui faudra, relégué derrière le comptoir paternel, oublier, pour servir le client, tous ces héros de l'antiquité et de la mythologie qu'il commençait à si bien connaître. Cependant il profite des moindres répits que lui laisse son nouvel état pour se replonger en cachette dans ses chers livres, et s'efforce de compléter, tant bien que mal, ses premières et trop sommaires études en lisant et relisant Plutarque et Rollin. Le peu d'argent que ses services lui rapportent est partagé entre les bouquinistes et les marchands d'estampes. Et voilà que des gravures commentant des faits d'histoire ancienne qui lui sont familiers vont hanter son cerveau d'enfant et éveiller en lui l'inconscient désir de produire des œuvres semblables. Son dégoût pour la carrière banale et prosaïque qu'on lui impose s'en accroît. Confident de son cruel ennui, sa mère inquiète plaide sa cause, et le père, comprenant enfin qu'il ne fera jamais de son fils un commerçant sérieux et convaincu, se décide à le laisser suivre le goût qui le pousse vers les arts : il le met chez un peintre sur porcelaine du voisinage.

Aux progrès rapides de son apprenti, le peintre sur porcelaine s'aperçut qu'on pourrait faire mieux d'Émile Signol qu'un décorateur d'assiettes. Mais incapable de donner lui-même les conseils utiles à cette vocation naissante, il n'hésite pas à aller trouver le père, et insiste tant et si bien que celui-ci consent à laisser son fils entrer dans un atelier de peinture assez réputé en ce temps.

Au comble de ses vœux, Signol va donc faire chez Blondel ses premiers pas dans la carrière rêvée. Après dix-huit mois passés dans cet atelier, il entre dans celui de Gros, et Gros sera désormais l'unique maître dont il recevra les avis ; puis il se fait bientôt recevoir à l'École des Beaux-Arts. Or, malgré les médailles qu'il y obtient, malgré ses succès au Salon où, à peine âgé de vingt ans, il expose son premier tableau : *Joseph expliquant ses songes à ses frères*, son père ne voulant ou ne pouvant délier les cordons de sa bourse, Signol est contraint de s'ingénier pour trouver des travaux qui lui permettront de vivre sans pourtant interrompre le cours des études sérieuses.

En des *Souvenirs* pieusement recueillis et publiés par sa fille, nous voyons Signol aimant à rappeler, sans amertume du reste, des incidents touchants de cette période difficile de sa vie, par exemple « les averses reçues sur ses modestes vêtements parce qu'il n'avait pas le moyen de s'acheter un parapluie » ; et aussi « l'histoire d'une pièce de quarante sous tombée un soir de ses habits, perdue dans la poussière sous une vieille commode, puis aperçue, retrouvée, avec quelle satisfaction, un jour qu'il se demandait comment il dînerait. »

Durant six pénibles années, faisant de sa vie deux parts, l'une consacrée à l'étude, l'autre à des travaux qui lui donnent le pain et le mettent en mesure de venir en aide à son jeune frère, Signol ne cesse de poursuivre le même but avec courage, religieusement fidèle à la route où il s'est engagé.

Tant d'ardeur au travail, tant de ténacité allaient recevoir leur récompense. Signol obtient le second grand prix de peinture en 1829; l'année suivante, le premier grand prix. Le sujet du concours était : *Méléagre reprenant ses armes à la sollicitation de son épouse.*

Pour Signol, comme pour ceux qui l'avaient précédé sur le chemin de la Villa Médicis, comme chez tous ceux qui le suivirent, ce voyage en Italie et le séjour à l'Académie de France laissèrent au cœur de l'heureux pensionnaire ce souvenir ineffaçable qui émeut l'âme, quelle que soit la distance à laquelle on l'évoque. N'était-ce pas la réalisation du plus beau de ses rêves? N'était-ce pas la tranquillité et le repos, cette tranquillité qui supprimait le souci du lendemain dont il avait tant souffert, ce repos qui lui permettait, à lui si longtemps employé à des besognes inférieures, de consacrer tous ses efforts exclusivement à l'étude de son art qu'il aime au-dessus de tout!

Ses compagnons de promotion étaient Garez, Husson, Martinet, Berlioz et Montfort. Pendant sa pension il connut à l'Académie Flandrin, Baltard, Duc, Simart, Ambroise Thomas. — Horace Vernet était directeur.

De tous les maîtres qu'il va étudier, ceux qui le toucheront particulièrement, ce sont les primitifs. Simple et bon comme il était, quoi de plus naturel que ces peintres naïfs et simples lui allassent droit au cœur? Il fut d'autant plus frappé par leur art d'un sentiment si intense qu'il était nouveau pour lui. De la peinture, il connaissait tout ce qui s'enseignait et s'apprenait dans les ateliers d'alors. Mais n'est-il pas permis de supposer, sans crainte de se tromper, que Blondel et Gros ne parlaient pas souvent de Giotto ou de Benozzo Gozzoli à leurs élèves, et leur offraient rarement en exemple les fresques de Santa Maria dell'Arena de Padoue, non plus que celles du Campo Santo de Pise?

Avec la tournure de son esprit et quoique peu préparé par son éducation première, Signol se pénétra aisément des maîtres de la Renaissance, et il dut à l'étude approfondie qu'il en fit plus d'une de ses compositions décoratives religieuses.

En même temps qu'il s'inspire aux sources les plus pures de l'art italien, nous voyons Signol, dans le choix des sujets de ses envois, varier ses recherches et donner déjà la preuve d'un esprit ouvert à tous les sentiments élevés. Tantôt, sous l'impulsion des événements qui agitent alors les esprits, il exécutera et enverra de Rome une *Liberté*. Bernardin de Saint-Pierre lui fournit ensuite *la Mort de Virginie*. La Bible lui donne le motif de l'envoi suivant : *Noë maudissant Cham et sa postérité*. A l'Apocalypse il emprunte *le Réveil du Juste et du Méchant;* au Nouveau Testament, *le Christ au tombeau.*

mon idée fixe : servir encore la France et vivre sous ses lois. » Enfin, un peu plus tard, il ajoutait : « Quant à moi, je ne cherche qu'à constater que je ne suis pas un émigré, que je ne proteste ni contre la France, ni contre ses actes et que je suis toujours prêt à vivre sous les lois de mon pays. »

Être français avant tout, rester français quand même, servir la France partout où elle peut être engagée, c'est sa foi ; il y sera fidèle.

Mais le duc d'Aumale n'était pas de ces esprits qui, se renfermant en eux-mêmes, s'abandonnent aux rêves d'une mélancolie stérile. Son activité était extrême : il avait besoin d'agir, de tirer quelque chose de lui-même, de créer. Presque au lendemain de son exil, il pense à entreprendre un travail qui sera son œuvre ; mais il veut étudier avant que d'écrire, et il commence à s'entourer d'ouvrages d'histoire et de littérature. Il s'applique au XVIIᵉ siècle, persuadé que la connaissance de ce temps ne peut que profiter « à son éducation d'homme ». Une visite qu'il fit à la bibliothèque de Windsor lui révéla sa vocation de bibliophile. Il choisit un bibliothécaire. Bientôt à la passion des livres s'ajoutait l'amour des manuscrits et de toutes les productions des arts. C'était le commencement de ces collections qui sont devenues des musées ; c'était, à Twikenham, le début de Chantilly.

L'idée de nous donner l'*Histoire des Princes de Condé* est née de cette noble effervescence de son esprit. Il s'agissait d'abord d'une histoire du grand Condé avec une introduction et des notes. Mais, peu à peu le projet se développe. Au milieu des matériaux qui s'accumulent, les remaniements se succèdent : le prince connaît le labeur de l'homme de lettres. Par moments, il se délasse en composant ses notices sur les *Zouaves* et sur les *Chasseurs à pied* et son étude sur *Alésia*. Plus tard il publiera son histoire de nos *Institutions militaires*. Mais aussi, il visite, et avec quel enthousiasme! les champs de bataille de Turenne et de Condé et ceux de Napoléon. Et de la sorte il poursuivait sa tâche. Mme la duchesse d'Aumale s'y dévouait avec tendresse et souvent des manuscrits entiers étaient recopiés de sa main. En réalité, c'était toujours à la France et à ses gloires qu'il songeait en écrivant, et dans ses voyages, c'était elle qu'il eût voulu revoir. Par-dessus les frontières il regardait cette terre chérie et il respirait l'air qui lui venait de la patrie, comme on respire le souffle d'un être aimé.

Combien il eût été heureux de la servir, de verser son sang pour elle! La campagne de Crimée le remplit d'enthousiasme et le désespère. Quoi! écrit-il, les zouaves, les chasseurs, les généraux d'Afrique remportent des victoires, et cela sans nous! Il ne peut s'accoutumer à l'idée qu'il y ait une guerre dans laquelle l'armée française se trouve engagée et qu'il n'en soit pas. Pendant la campagne d'Italie, la nostalgie des armes le ressaisit; car il aime l'Italie et la voudrait indépendante. Il envie son neveu, le duc de Chartres, qui sert dans l'armée de Victor-Emmanuel et combat près de nos soldats. Dans ces circonstances, l désapprouve formellement ses amis d'attaquer la politique du gouvernement impérial. Il est avec l'Empereur, puisque la cause de l'empire se confond avec l'honneur de la France et de son armée. C'est l'ardeur belliqueuse d'un preux du moyen âge inspirée par le patriotisme le plus désintéressé. Et cette grande vertu devait éclater au moment de nos revers. En août 1870, avant la catastrophe finale, voulant répondre à un appel adressé par le gouvernement à tous ceux qui étaient en état de combattre, il offre son épée! Un si grand dévouement ne pouvait pas être compris.

Pendant son exil qui dura vingt-trois ans, rien n'avait changé dans son esprit. Il était resté ce que son éducation l'avait fait, ce que son père avait voulu qu'il fût. M. le duc d'Aumale était un libéral élevé à l'école de 1830. Il avait conservé l'esprit de ce temps. Toutes les fois que les circonstances l'y avaient contraint, il avait résisté à des actes qu'il jugeait arbitraires par des moyens légaux. Il n'en connaissait pas d'autres; aussi désireux qu'il était d'exercer les droits de citoyen d'un pays libre que d'obéir aux lois. Et c'est ainsi, Messieurs, que vous l'avez admis parmi vous. Car je pense que si vous avez accueilli l'écrivain pour son mérite, vous avez aussi reçu l'homme pour sa vertu. Il était demeuré fidèle à lui-même, ayant toujours porté pour devise ces deux mots : France et Liberté!

Quelle satisfaction dut éprouver le prince en rentrant dans son pays après une si longue attente! Elle fut immense. Ah! sans doute la terre natale est profanée et Paris bouleversé. Les Tuileries où s'est écoulée sa jeunesse sont en ruines. Mais quand il y arrête ses regards en passant, il peut apercevoir, à travers les brèches du pavillon central, les restes de la Salle des maréchaux et, encore visibles sur la frise qui la décore, des noms de victoires, qui sont restés là comme un gage d'espérance. Il foule le sol de la patrie.

Sa vie de soldat et sa vie d'ami des lettres et des arts vont se développer largement et prendre une activité nouvelle.

Mais avant tout, il faut qu'il se mette en règle avec la politique. Dans une lettre qu'il avait écrite à ses électeurs, il s'était montré sincère. Il avait dit que dans sa pensée une monarchie libérale pourrait répondre aux aspirations du pays ; mais que si le régime républicain était préféré, il s'y soumettrait sans réserve. En effet, son esprit s'était formé à l'ombre d'un trône entouré, comme on disait alors, d'institutions républicaines, et il n'éprouvait point de répugnance à vivre au sein d'une démocratie, libérale elle-même. Cependant, et au fond, il était de sa maison, et on ne pouvait pas plus lui demander d'en abdiquer les traditions qu'on n'était en droit d'attendre de lui qu'il changeât son drapeau. Désintéressé comme il l'était, il restait par excellence un citoyen loyal et le meilleur serviteur de l'État.

Dans cette condition, la seule qu'il lui plût d'envier, M. le duc d'Aumale se concilia la faveur publique. On voudrait ne point rappeler le procès du maréchal Bazaine. Mais comment oublier des paroles qui sont aussitôt entrées dans l'histoire. On s'en souvient : à l'accusé qui cherchait à se disculper en disant que, dans les circonstances où il s'était trouvé, plus rien n'existait, le Prince fit cette réponse émouvante : « Mais il y avait toujours la France ! » Mots passionnés qui jaillissaient de son cœur comme un hommage à la patrie vaincue.

Appelé à munir, pour la défendre, notre frontière de l'Est, dont la garde lui était confiée, il dépassa ce que l'on attendait de lui. Sa science militaire fut admirée de ses compagnons d'armes.

Les grandes injustices des partis, sa mise en non-activité et sa radiation du cadre des officiers généraux, radiation arbitraire contre laquelle il protesta avec indignation, servirent à faire briller en lui, et, Messieurs, vous savez dans quelle mesure, la munificence patriotique de l'exilé. Ainsi, vous l'aurez vu toujours supérieur aux situations qui lui étaient faites, comme aux malheurs qui pouvaient l'atteindre. La mort avait frappé autour de lui d'une manière terrible. Son fils aîné, le compagnon de sa vie, le jeune prince de Condé, cet autre lui-même, avait succombé au cours d'un voyage lointain. La duchesse d'Aumale n'avait pas survécu à cet enfant si parfait qu'elle remerciait Dieu de le lui avoir donné. Maintenant le charmant duc de Guise, son dernier fils, disparaissait, lui aussi, dans la fleur de la jeunesse. Il restait seul! Mais rien ne pouvait abattre son âme vaillante. Toujours, il reprenait cette libre activité de l'esprit que les événements n'avaient fait que détourner de sa pente naturelle. Il travaillait à terminer l'*Histoire des princes de Condé ;* il s'occupait de rebâtir et d'orner Chantilly. On refusait ses services, mais il ne se jugeait pas quitte envers son pays. Sa famille était éteinte ; la France devenait son foyer.

L'histoire des Condé occupa le duc d'Aumale pendant une partie de sa vie. Commencée en 1848, elle fut l'objet d'un travail de plus de quarante ans. Cependant elle n'a pas souffert des interruptions qu'elle a subies, tant elle a été l'objet d'une prédilection constante! En la lisant, on sent que l'auteur a mis son honneur et son amour à l'écrire. Il était l'héritier du nom de Condé.

Je voudrais donner une idée de ce noble ouvrage, de

ce qu'il a de vraiment personnel. Les quatre biographies qu'il contient ont un caractère à part. Ce ne sont pas des vies à la manière de Plutarque qui, comme dit Montaigne (et il l'aime à cause de cela), « s'amuse plus aux conseils qu'aux événements ». Ce sont des récits dans lesquels les faits tiennent la plus grande place. Non qu'une haute philosophie politique en soit absente; loin de là. Mais, tout en restant fidèle à ses principes, l'historien compose et raconte en homme d'action plutôt qu'en moraliste. Dans un sujet où il avait tant d'intérêts, M. le duc d'Aumale s'est très heureusement efforcé de conserver une impartialité supérieure. S'il tourne quelquefois à l'apologiste, il sait s'arrêter à temps et se montrer sévère. Il faut aussi admirer l'unité de l'œuvre, au milieu de la diversité des caractères et des faits. Elle tient à l'historien, à sa ferveur soutenue et à son éloquence. C'est sa pensée que l'on retrouve en maints endroits, c'est lui-même. On y voit paraître sa sincérité parfaite, sa tolérance, son idéal politique si bien équilibré. On y démêle les particularités de son caractère : le patriotisme, la passion des choses militaires, et, avec un amour marqué pour les lettres classiques, le sentiment de l'art. La forme a une plénitude et un mouvement qui ne se démentent jamais. L'érudition est très sûre. Le duc d'Aumale parle de beaucoup de choses anciennes comme quelqu'un qui en aurait été témoin ou qui les saurait par une sorte d'atavisme. En effet, il a été élevé dans un milieu où l'on s'occupait traditionnellement des affaires publiques. Son jugement s'y est formé, et ce jugement était à la fois celui d'un prince et d'un prince de son temps.

En commençant son ouvrage, le duc d'Aumale n'avait
pas l'intention d'écrire l'histoire des premiers Condé. Malgré le talent qu'il apporte à les mettre en relief, la sympathie leur fait défaut. Il est plus inspiré par son sujet et
il est plus lui-même, quand il parle du héros de Rocroy.
C'est là qu'il faut le chercher.

Dans l'oraison funèbre du grand Condé, Bossuet, après
avoir dit que l'éloquence ne peut rien pour la gloire des
âmes extraordinaires et que leurs seules actions les peuvent louer, s'en remet à l'histoire du soin de soutenir
la renommée de son héros, par la simplicité d'un récit
fidèle. M. le duc d'Aumale a entrepris cette tâche, et bien
que dans son travail il recherche surtout une exactitude
rigoureuse, il s'exalte lui-même en traitant son sujet et
l'on sent dans son entraînante narration quelque chose de
la flamme de l'évêque de Meaux.

A ce mérite, l'auteur sait, quand il le veut, ajouter le
charme. C'est l'impression que l'on éprouve en lisant le
chapitre consacré à l'éducation de Condé. Son père avait
résolu de le faire élever suivant un plan qui était, pour
son temps, fort extraordinaire. M. le duc d'Aumale en
fait ressortir le caractère et la conséquence dans des
pages pleines de sympathie. On y voit le petit Prince dès
l'âge de 9 ans, suivre, comme externe, les classes du collège
de Bourges : il y vit avec ses condisciples sur le pied
d'une égalité parfaite. Depuis son enfance, il est séparé de
ses parents. Mais, de loin, son père veille activement sur
lui ; et, lui, il écrit respectueusement et tendrement à son
père en latin. En réalité, le latin est la base morale de ses
études ; et c'est dans le commerce de César, de Tite-Live

et de Tacite que, de bonne heure, sa belle intelligence se forme, que son génie s'épanouit.

L'auteur ne se demande pas si cette manière d'isoler l'enfant, et particulièrement de le soustraire à l'influence de sa mère a été profitable. M. le duc d'Aumale devait beaucoup à la pieuse tendresse de la reine Marie-Amélie. Mais c'eût été s'écarter de son sujet. Il lui suffisait de montrer sa prédilection pour des enseignements publics qui avaient servi de modèle à ses propres études, et aussi son patriotisme latin. Les allusions aux avantages de la camaraderie et à la direction affectueuse de maîtres éclairés sont touchantes; et on aime voir revivre un instant, dans le prince et dans l'historien, l'élève du collège Henri IV.

Les hautes qualités de l'historien sont singulièrement frappantes dans tout ce qui touche à la vie militaire de Condé. Là, M. le duc d'Aumale est dans son élément préféré et il s'y déploie avec une supériorité qui nous captive. Il possède la science de la guerre et il en a l'érudition. A sa suite, il est d'un intérêt extrême d'entrer dans le conseil des plus illustres capitaines, de voir se dérouler les campagnes dans leurs phases logiques, d'en comprendre le succès ou la catastrophe. Le récit des batailles et des simples rencontres est d'une lucidité merveilleuse, tant chaque fait est bien étudié! Le terrain est minutieusement décrit, car tout sert dans un combat. Grâce aux relations, aux peintures et aux dessins du temps, grâce aux explorations qu'il est allé faire sur place, l'auteur reconstitue l'arène où les armées se sont mesurées comme en champ clos. Même exactitude pittoresque, quand il s'agit de l'action elle-même. Certes refaire Rocroy après Bossuet était une

tàche redoutable ; et pourtant le récit du prince, récit tout
de geste, arrive aussi à un effet puissant. Ce qui enivre
l'historien et ce qui nous enivre nous-mêmes, c'est sa
propre vaillance. La gloire militaire héroïquement con-
quise, voilà son rêve. Il admire Condé à la fois général et
soldat, habile à ordonner une bataille ou un siège, et,
« sang et poussière », emportant la victoire l'épée à la
main. Aussi, quand dans ses lettres et dans ses carnets,
parlant de ses neveux, de M. le comte d'Eu et plus tard
de M. le comte de Paris et de M. le duc de Chartres qui
se sont brillamment conduits à la guerre, il applaudit à
leur courage, il met à les louer tout son cœur.

On pourrait détacher, pour les placer dans un manuel
de haut enseignement civique, les belles pages dans lesquelles le Prince se prononce sur la trahison de Condé.
A ceux que les circonstances, mauvaises conseillères,
pourraient pousser au crime contre la patrie, il trace le
chemin et montre de quel côté la conscience doit chercher sa lumière. Lui-même est en exil ; il se juge innocent,
et sa situation donne à ses paroles l'autorité d'une sen-
tence. Rien à ses yeux n'atténue la faute de Condé. Il
louera, chez le prince, l'homme de guerre incomparable,
mais il condamnera sans réserve le factieux qui, pour une
offense toute personnelle, s'est tourné contre son pays.

. Condé a racheté sa faute par son repentir et par ses victoires. Dans la galerie où sont représentées ses actions, on a
placé, par son ordre, à côté de ses trophées, un tableau
dans lequel il a devancé les sévérités de l'histoire. Mais
il continua de vaincre. Quand il fut appelé à poursuivre
les opérations de Turenne en Alsace, il fit alors la plus

belle de ses campagnes. Rien que par une stratégie incomparable, sans engager de bataille, presque sans verser une goutte de sang, il obtint un succès complet : nous
restâmes maîtres de la rive gauche du Rhin. M. le duc
d'Aumale le constate avec admiration et il termine ainsi le
récit de cet événement mémorable : « Lorsque le dernier
soldat de l'Empire eut quitté le sol de l'Alsace, le sol de
la France, Condé remit au fourreau son épée qui n'en
devait plus sortir. »

Pas un mot de plus : ici l'historien s'arrête brusquement ;
c'est comme un grand silence, sous lequel se cachent des
sentiments douloureux et profonds... Nous aussi, Messieurs, renfermons en nous-mêmes l'expression de cruels
regrets ; mais pensons toujours à notre frontière telle que
l'avait laissée Condé.

L'histoire éloquente de Condé doit être lue et méditée.
Le récit des dernières années du héros achève de nous donner l'idée de l'homme extraordinaire qui était en lui. Quelle
âme vraiment supérieure ! M. le duc d'Aumale excelle aux
portraits, ce qui est, ce me semble, le brevet de l'historien.
Plus versé que personne dans l'iconographie, il reconstitue
l'iconographie morale des personnages auxquels il veut
laisser une marque. Condé à Rocroy ou à Chantilly est
représenté au vif. Le parallèle de Condé et de Turenne
n'était plus à faire ; mais celui de Gondi et de Mazarin est
un morceau parfait. Comme les maîtres de son art, l'auteur a l'épithète formelle et pittoresque qui fait revivre les
hommes et les pays. Tout à coup, quelque personnage sort
de l'ombre, grâce à une touche ou à un trait qui lui donne
le relief de la réalité. Les spectacles de la nature le frap-

pent : en quelques mots qui font image, il les note dans ses lettres avec le récit de ses combats. Écrivain, il sait toujours nous donner la représentation intellectuelle des faits et des choses. Son œuvre est d'un artiste aussi bien que d'un soldat.

Le goût des arts était très vif dans la famille d'Orléans. Plusieurs des enfants du roi Louis-Philippe avaient reçu les leçons d'Ary Scheffer et d'Alaux. La princesse Marie nous a laissé cette statue de Jeanne d'Arc qui est d'une inspiration si pure. Le duc d'Aumale était né avec un grand sentiment de l'ordonnance et de la beauté. En rétablissant Chantilly si cher aux Condé, il a fait une œuvre d'art.

Heureux privilège d'un vieux pays de France, Chantilly a toujours été considéré comme un séjour délicieux. A la Renaissance du temps des Montmorency, sous les Condé pendant le règne de Louis XIV et après la Révolution qui en avait fait une ruine, l'impression était la même. Avec les gravures et les tableaux, on peut donner une idée du château à différentes époques, mais on ne saurait en faire comprendre l'agrément. A quoi tient-il? Est-ce au ciel largement ouvert dont un grand lac double la clarté ? est-ce à l'admirable cadre formé par la forêt ? est-ce aux eaux courantes et à la disposition des jardins ? C'est à tout cela, et aussi à quelque autre chose impossible à définir, bien qu'on en soit pénétré. Il y a là un charme très grand qui s'exerce ; et le charme ne se décrit pas.

C'est sur le soubassement de l'ancien manoir que M. le duc d'Aumale a fait construire ce nouveau Chantilly dont il vous a confié la garde. Pour lui, rien ne se faisait à la légère. Voulant accomplir une œuvre nouvelle, mais con-

sidérant l'histoire du lieu et des convenances qui lui paru-
rent s'imposer, il lui sembla qu'il devait, sans trop s'y
asservir, adopter le style de la Renaissance française.
Mais il lui fallait rencontrer un architecte capable d'entrer
dans ses intentions, et il le trouva dans un de nos confrères de l'Académie des Beaux-Arts. Artiste du goût le
plus pur, constructeur éprouvé, esprit très ouvert, caractère profondément déférent, et aussi, ce qui était fort
apprécié du Prince, capable d'une douce résistance,
M. Daumet était l'homme le plus apte à réaliser un
pareil projet ; et il s'est acquitté de sa tâche avec un plein
succès.

Comme il est vivant et moderne, l'édifice si heureusement inspiré de notre architecture du XVIe siècle !
Comme ses silhouettes, dans leur variété, rendent bien
compte des principales dispositions intérieures du noble
logis ! La partie la moins élevée, celle qui porte le nom
de Jean Bulland, et qui a été tout au moins bâtie d'après
ses conseils, est réservée à l'habitation. Le grand palais
est destiné à la réception et au musée. Voici l'entrée
principale marquée par sa couverture en forme de coupole ;
voici les galeries avec leur comble horizontal ; voici les
tours avec leur couronnement arrondi ; la chapelle avec
sa flèche et ses clochetons. Quelle diversité et quelle harmonie ; quelle élégance dans la réunion de tant d'éléments !

Dans ce palais si riche sont rangées les collections
plus précieuses encore. Ce sont les peintures et les dessins,
les manuscrits et les livres, les archives et les œuvres d'art,
vases, bronzes, terres cuites et émaux. C'est un ensemble
magnifique. Et il faut bien le dire : ce n'est pas le cabinet

d'un amateur, c'est un musée. Souvent les collections particulières témoignent d'une prédilection pour certaines époques ou pour certains talents. Le Musée de Condé reçoit dans une large mesure les ouvrages remarquables de toutes les écoles et plusieurs sont des merveilles. Ils sont rangés de telle sorte que chacun se trouve dans les conditions qui lui sont le plus favorables. Le Prince, si éminent historien, n'a pas voulu imposer à ses tableaux l'ordre historique. Il a pensé que l'art et l'histoire méritaient de n'être pas confondus. Et, en effet, quelle différence ! L'une s'adresse à l'intelligence : c'est une science. L'autre fait appel au sentiment. Quand une date est établie, c'est une notion acquise ; on n'y revient plus. Mais un chef-d'œuvre nous captive et nous laisse inassouvis. On le revoit sans pouvoir épuiser son admiration, sans en pénétrer le mystère. L'histoire et l'art ne nous intéressent pas de la même manière. La première établit des divisions et des cadres fermés. Le second nous instruit surtout de nous-mêmes, en nous révélant des sentiments personnels si profonds qu'aucune langue ne peut les exprimer et que la limite en est inconnue. Souvent une galerie purement historique nous laisse quelque mélancolie. Le Musée de Condé est plein d'allégresse et de vie ; les belles œuvres y brillent et l'éclairent. C'est le domaine de l'idéal.

Ceux qui ont eu la bonne fortune d'avoir M. le duc d'Aumale pour guide parmi les collections de Chantilly sont dignes d'envie. Le Prince était un exégète et un nomenclateur incomparable. Non seulement il savait en perfection l'histoire de l'art ; mais dans les explications qu'il donnait, l'histoire générale aussi bien que la lé-

gende le servaient à souhait ; les anecdotes venaient na-
turellement animer son discours. Puis c'étaient les ap-
préciations personnelles, toujours délicates ou profondes.
Témoin, sa charmante interprétation des *Trois Grâces* de
Raphaël dans lesquelles il se plaisait à voir les trois âges
où s'exercent les séductions de la femme ; témoin aussi
son appréciation si pénétrante de la *Vierge d'Orléans*. Mais
c'était surtout quand il parlait devant les portraits qu'il y
avait profit à l'écouter. Dans ses commentaires trouvait
place et ce que l'on sait positivement des personnages re-
présentés et ce que la chronique leur attribue. Avec quelle
finesse il touchait à leur caractère, à leurs aventures et à
leurs amours ! C'était une autre érudition, dont il s'était
interdit de faire usage dans ses livres, mais qui apportait
souvent un complément piquant à la vie des Condé. Les
crayons du XVIe siècle fixaient particulièrement son attention, et, dans le nombre, sa préférence était pour ceux qui
représentaient des personnages ayant aimé la France,
comme Madame Marguerite sœur de Henri II qui, ayant
épousé Emmanuel-Philibert de Savoie, n'en continua pas
moins à chérir son pays par-dessus tout au monde.

Je ne sais si, chez lui, le bibliophile était supérieur à
l'amateur d'œuvres d'art. En tout cas il en était très différent, et l'on peut dire que dans ses librairies, Cabinet
des livres et Bibliothèque, il n'était plus le même que dans
son musée. Quand il en montrait les richesses, son attitude tenait du respect. Parmi les manuscrits, il y en avait,
qu'il se réservait de faire voir et de manier lui-même : par
exemple, le Psautier de la reine Ingeburge, lequel avait
appartenu à saint Louis ; le Demi-Bréviaire et la Lé-

gende dorée de Jeanne d'Évreux portés, ainsi que le Psautier, aux inventaires du roi Charles V. Il les feuilletait religieusement, il les considérait comme un lointain héritage. Aussi le commentaire était-il différent. Rien n'y était laissé à l'improvisation enjouée ou sérieuse; tout y était donné à une appréciation érudite et à une science émue.

Jamais le Prince ne fit les honneurs de sa maison avec plus de courtoisie et d'entrain, ne se donna davantage que le jour où il vous reçut à Chantilly à l'occasion du centenaire de l'Institut. A ce moment, en dépit de ses infirmités, il remplissait le château du sentiment de sa présence : il était comme le génie du lieu. Le souvenir que nos confrères étrangers en ont gardé a été le plus brillant qu'ils aient emporté de notre pays.

Les collections de Chantilly ont une valeur immense : chacun des objets qu'elles renferment a du prix. Pour les réunir, M. le duc d'Aumale n'a rien épargné. Sans doute il éprouvait une vive satisfaction à les voir si belles. Cependant, il y avait des pièces uniques auxquelles, s'il ne se fût agi que de lui, il n'eût pas cherché à prétendre. Mais il les voulait ; et si quelqu'un eût pensé à le taxer de prodigalité, il pouvait répondre ce qu'il dit un jour en acquérant un tableau, admirable à la vérité, mais qu'il payait d'une somme énorme : « C'est pour la France! » M. le duc d'Aumale se plaisait à vivre au milieu de ces trésors qui servaient d'aliment à sa pensée. Son œuvre lui souriait. De quelque côté qu'il tournât son esprit, il goûtait la satisfaction d'avoir accompli une grande tâche et de se sentir aimé. Ah! sans doute, sa demeure n'était pas animée comme elle eût dû l'être. Son foyer était désert.

On ne peut visiter sans émotion la partie réservée du château de Chantilly.

Au milieu de ses épreuves, M. le duc d'Aumale se réfugiait dans un grand amour : accablé de deuils, il trouvait à vivre sous le ciel natal un adoucissement à ses douleurs. Et puis, notre démocratie est douce. N'exerce-t-elle pas un attrait infini? Tant de princes étrangers viennent les uns se retremper dans le milieu si libre qu'elle leur ouvre, les autres, se confier sans réserve à son humanité sympathique. Quelques-uns, qui avaient régné, ont été ses hôtes et ont achevé chez elle, entourés de respect, une existence tourmentée. Mais, lui, bien plus que le repos, appréciait l'activité féconde de notre pays. Ce qu'il aimait, c'était l'esprit de la France tel qu'il brille dans nos grandes institutions nationales. Rappelez-vous combien il fut fier de vous appartenir et (ce sont à peu près ses paroles) d'entrer dans une compagnie qui porte le nom de la patrie. En parlant ainsi, il était sincère. Dans ses sentiments, la confraternité académique prenait le pas sur la camaraderie militaire que cependant il portait si haut. Il considérait l'Institut comme une haute émanation du génie français, comme une famille permanente dont il était membre, comme la famille de son esprit. Et son estime et son affection étaient telles qu'il vous a légué, avec Chantilly, les plus précieuses, les plus intellectuelles de ses richesses.

Quel emploi de sa vie! Mais ce qui donnait aux qualités réunies dans la personne de M. le duc d'Aumale leur caractère et leur unité, c'est non seulement qu'elles étaient soutenues par un ardent amour pour la France, mais qu'elles étaient les vertus d'un prince.

Un prince! Qu'est-ce qu'un prince? Chaque époque s'est fait une idée différente d'un tel homme, placé, pour ainsi dire, au-dessus des lois; et il s'agirait, ce semble, d'un type qui varie selon les temps. Aujourd'hui, nous pouvons le dire, ce qui fait le prince, c'est un état d'esprit supérieur, qui permet d'éprouver tous les sentiments humains, sans en connaître les faiblesses; c'est une fermeté qui élève le cœur plus haut que les accidents de la fortune. En dépit des événements contraires, un prince conserve son prestige et répand sur tout ce qu'il touche un éclat certain. Il reste, quand même, de sa race et de son pays; il a dans l'histoire des intérêts constants. Il vit dans le passé et dans l'avenir, et la conscience qu'il a de ces attaches indissolubles dirige ses actions, le porte à tout rapporter à sa patrie et à s'identifier avec elle.

Mais être de sang royal et vivre comme un simple particulier parmi nous; se rendre le citoyen fidèle d'une démocratie et en devenir l'ornement incontesté; se désintéresser des partis pour ne contempler que la patrie, tel était l'idéal assurément sans exemple que s'était proposé M. le duc d'Aumale, et vous savez comment il l'a réalisé. Et ce n'était pas une simple apparence. Dans cette existence si nouvelle, il avait mis son cœur. Il vous aimait; il était heureux de vous appartenir et vous étiez fiers de le posséder.

Non, personne n'était en mesure d'occuper sa place. En effet, quelle noblesse s'égalerait à celle de la maison de France? Quel homme de guerre, général à vingt ans, a débuté dans la carrière militaire par un fait d'armes comparable à la prise de la Smalah? Quel historien, traitant un sujet de même ordre, a produit une œuvre supérieure à

l'Histoire des Condé? Quel ami des arts aurait pu, avec
le même goût, rebâtir un Chantilly? Dans ces conditions,
Messieurs, considérant la belle intelligence du Prince qui
embrassait dans une même compréhension tout ce qui inté-
resse les travaux de l'esprit, vous avez pensé que c'était
une occasion de proclamer, par l'élection d'un artiste,
l'union des arts avec les lettres. Sans doute, on n'avait
jamais contesté leur étroite parenté, leur commune origine. On savait assez tout ce que les monuments figurés ap-
portent aux monuments écrits ; on n'ignorait pas que, pour
l'historien, une œuvre d'art équivaut à un texte. L'histoire
et la légende, la philosophie et la théologie ne cessent
d'inspirer le peintre, le sculpteur et l'architecte. Mais
d'autre part, la vue d'un chef-d'œuvre excite l'enthousiasme
des lettrés, fait naître l'éloquence, et souvent produit des
ouvrages dans lesquels l'écrivain, franchissant les limites,
lutte avec le statuaire, le peintre ou l'orfèvre. Tantôt le
poète est peintre, et tantôt c'est le peintre qui par des
qualités indéfinissables arrive à la poésie. Au fond les
lettres et les arts émanent d'un même principe de fécon-
dité, ont le même besoin de se communiquer, poursuivent
le même objet qui est de répondre à notre insatiable
besoin d'échapper à la réalité. Et ils s'envolent à la pour-
suite d'une vérité supérieure, emportés par cette sorte
d'amour qui ne s'attache qu'à la beauté ; et, dans cette
ascension, n'arrive-t-il pas un moment où, affranchi de
toutes les formes, sans le secours des mots, de la pierre,
des sons et des couleurs, l'esprit, montant toujours et
envahi par une sorte d'enthousiasme, sent en lui la présence de l'idéal et dans le domaine de l'inexprimable le

goûte en son immatérialité? Alors, Messieurs, tous ceux qui vivent par l'intelligence et qui créent se rencontrent; alors il n'y a plus de genres et de catégories, et tous les modes de nos aspirations vers le bien suprême se confondent dans une même contemplation.

C'est dans ces sentiments que M. le duc d'Aumale a passé les dernières années de sa vie, unissant dans son cœur l'amour passionné du bien avec l'amour de son pays. Mis par l'opinion au-dessus des partis, ayant, dans l'avenir, assuré l'exécution de ses volontés et sûr de laisser à la France des richesses inappréciables unies au souvenir des noms d'Orléans et de Condé, entouré de la vénération de tous, il jouissait de ce qu'il avait créé. Il jouissait de la vie.

Au printemps de 1897, il était venu passer quelques jours dans sa propriété du Zucco. C'était une autre de ses créations, bien différente de Chantilly. L'habitation y est d'une simplicité extrême. Mais au dehors, à l'ombre des platanes, on jouit d'une vue admirable sur les champs cultivés, sur les montagnes aux formes hardies et sur la mer étincelante. En présence de ce spectacle, respirant le parfum des orangers en fleurs, des jasmins et des roses, le Prince invoquait les Muses de Sicile, là même où Théocrite et Virgile avaient chanté.

C'est dans ce beau pays que la mort l'attendait. Il y était entouré de plusieurs membres de sa famille, quand au milieu des joies pures qu'il goûtait dans ce cercle aimé, il apprit une nouvelle effroyable : l'incendie du Bazar de la Charité. Une princesse de son étroite parenté y avait péri, victime du devoir. Cette catastrophe le frappa au cœur.

Peu après, atteint dans la nuit d'un mal subit, il succombait en quelques instants. Fin rapide, pareille à cette mort du soldat qu'il enviait toujours !

A ceux qui accomplissent le pèlerinage du Zucco, on montre la petite chambre où sa vie s'est exhalée, où tant de larmes ont coulé. La mort l'a emporté par surprise et aucune de ses volontés suprêmes n'a pu être exécutée. Mais des mains pieuses ont enveloppé son cercueil dans les plis du drapeau tricolore, de ce drapeau à l'ombre duquel son père avait combattu, sous lequel il lui avait été donné de servir et de vaincre, qu'il faisait flotter à Twikenham sur sa maison d'exilé, qu'il a défendu à la tribune avec éloquence. Ses funérailles ont été celles d'un général d'armée ; son éloge a été prononcé jusque devant les autels. Pour vous, Messieurs, après vous être associés à ces derniers hommages, vous en aurez écarté l'impression funèbre, pour ne plus voir M. le duc d'Aumale que plein de vie, dans l'intégrité de son intelligence et de son activité généreuse, tout entier, tel qu'il était parmi vous. Vous êtes à toujours les dépositaires de sa pensée ; elle est à la France, et vous ne la laisserez pas languir !

France ! France ! ce mot que j'ai répété si souvent n'est revenu tant de fois sur mes lèvres que pour exprimer un sentiment dont M. le duc d'Aumale n'a jamais cessé d'être pénétré. La France l'a inspiré et consolé ; elle a été sa force et son amour, sa passion sacrée.

RÉPONSE

DE

M. MÉZIÈRES

MEMBRE DE L'ACADÉMIE

AU DISCOURS

DE

M. EUGÈNE GUILLAUME

Monsieur,

Votre illustre prédécesseur se faisait gloire d'appartenir à l'Académie des Beaux-Arts. En choisissant pour lui succéder le doyen de cette compagnie, un de ceux qu'il estimait le plus, l'auteur de la statue de Bossuet qui décore les jardins de Chantilly, nous avons le sentiment d'être restés fidèles à ce que méritait de nous une si grande mémoire. Si notre choix avait besoin d'être justifié, il le serait par l'hommage éclatant que vous venez de rendre au duc d'Aumale, par le beau portrait que vous tracez de lui ; où nous le retrouvons tout entier, tel que nous l'avons connu : soldat, historien, ami des lettres, ami des arts, Mécène magnifique, passionnément épris de toutes les gloires et de toutes les grandeurs de la France.

Peut-être les procédés particuliers de votre art, l'habitude que vous avez de fouiller les physionomies pour en saisir le trait essentiel, la nécessité où vous êtes de lire dans les âmes à travers le visage, vous permettent-ils mieux qu'à personne de pénétrer le secret de chaque nature, de deviner ce qui se cache sous ce qu'on voit, de pousser au delà des apparences jusqu'à la réalité. Le sculpteur digne de ce nom ne se contente pas de la reproduction matérielle; derrière le masque qu'on lui montre il cherche la vie intérieure, la pensée qui donne au corps une attitude, une expression à la figure. Il y a en lui un observateur, presque un psychologue.

Ce don d'observer et d'analyser, vous le possédez depuis votre jeunesse. Il s'est développé, il a grandi chez vous en même temps que le doigté de l'artiste et l'habileté de la main. Par un heureux accord de vos facultés votre sens critique s'aiguisait de très bonne heure sans que votre puissance d'action et d'exécution en fût diminuée.

J'ai eu la bonne fortune de deviner un des premiers ce que vous seriez un jour, de pressentir sous l'artiste rompu à toutes les difficultés du métier le critique d'art supérieur. Il y a près de cinquante ans que j'ai eu l'honneur de vous voir pour la première fois. J'étais alors votre hôte à la Villa Médicis, dans cette noble maison dont vous dirigez aujourd'hui les destinées avec une autorité reconnue de tous. Nous visitions ensemble les monuments de Rome et déjà se dessinait votre double vocation. Après ou avant le travail acharné de l'atelier, vous vouliez étudier les plus belles œuvres de l'art, pénétrer pour votre propre instruction le secret de leur beauté.

Votre conversation avait un charme infini. On y sentait la justesse du goût, la délicatesse et la force du sentiment, par-dessus tout la sincérité de l'accent. Rien qui ressemblât à ce qu'on lit dans les guides ou dans les ouvrages spéciaux. Tout ce que vous disiez résultait d'une observation directe et personnelle. A mesure que les tableaux, les fresques, les statues, les bas-reliefs, les édifices passaient devant vos yeux, vous ressuscitiez le monde où ils étaient nés, vous vous demandiez en vertu de quelles lois ils avaient été conçus, de quelles harmonies mystérieuses se composaient leur grâce, leur élégance ou leur grandeur.

Heures bénies de votre jeunesse, qu'elles ont été heureuses et fécondes! Quelle éducation donnait à votre esprit le spectacle de tant de merveilles accumulées, la poésie des souvenirs, la poésie des ruines, le cadre magnifique de la Ville éternelle! Votre vie en reste éclairée. La belle lumière qui caressait vos yeux à l'âge de vos vingt ans, les caresse encore dans votre âge mûr.

Ainsi se formait l'harmonieuse unité de votre carrière. Ce n'est pas le hasard qui vous a conduit à Rome dès le début pour vous y ramener ensuite dans tout l'éclat de votre renommée. Rome est la patrie de votre choix, le séjour que votre pensée habite de préférence, le lieu où vous vivez sur les sommets, dans la contemplation de ce que l'art antique et l'art moderne ont produit de plus achevé ou de plus grandiose. Vous le remarquez vous-même quelque part, les artistes italiens et étrangers les plus originaux y ont assoupli et fortifié leur génie. Il y a là un en-

semble de traditions, de souvenirs, de spectacles qui
ouvrent à l'esprit les perspectives les plus vastes en lui
montrant dans la même enceinte sous ses aspects multiples
l'idéal de beauté que l'humanité païenne et l'humanité
chrétienne ont successivement conçu aux différents âges
de leur histoire.

Disons-le à l'honneur de notre pays, la France est la
première nation qui ait reconnu de quel prix serait pour
l'éducation des jeunes artistes un séjour de quelques
années au milieu des chefs-d'œuvre. C'est un grand roi,
Louis XIV, un grand ministre, Colbert, qui ont créé
l'Académie de France à Rome. Ce sont deux grands peintres, Poussin et Lebrun, qui l'ont tenue sur les fonts de
baptême. Création admirable, infiniment plus féconde que
ne le supposent les critiques superficiels. Ceux-ci calom-
nient l'École de Rome quand ils l'accusent d'enfermer les
esprits dans une formule unique et étroite de l'art. On y
fait simplement passer sous les yeux de la jeunesse des
modèles très différents les uns des autres, entre lesquels
chacun choisit ceux qui conviennent le mieux à son tempérament et à son goût. Sans forcer leur vocation, sans
faire violence à leurs instincts, on a du moins donné aux
artistes, pendant la période de leur croissance intellectuelle, la nourriture la plus solide et la plus abondante.
On les a armés pour le travail, on leur a fait de la chair,
du sang, des muscles, on les a nourris de la moelle des
lions. A eux ensuite de porter dans la vie sur des routes .
différentes la belle santé qu'ils doivent à la sollicitude
de leurs maîtres.

Quand j'entends reprocher aux anciens pensionnaires

de se ressembler trop, de laisser disparaître leur person-
nalité sous un air de famille trop prononcé et trop banal,
je me demande involontairement en quoi la vigueur de
Carpeaux ressemble à la grâce de Pradier, votre maître ;
ce qu'il y a de commun entre le coloris charmant de
Baudry et le dessin d'Ingres si peu coloré, mais d'un si
grand style, si sobre et si sûr ; entre la correction classique
de Lefuel et la magnificence éclatante de notre regretté
Charles Garnier.

Ne fait-on pas le même reproche à l'École normale supérieure ? Il faut avoir les yeux fermés par un parti pris
systématique pour découvrir la moindre ressemblance
apparente, le moindre rapport d'éducation commune entre
trois normaliens de la même promotion, tous trois également célèbres, entre l'élégance dédaigneuse de Prévost-
Paradol, la solidité puissante de Taine et l'ironie légère
d'Edmond About. Un autre membre de l'Académie française, dont nous déplorons la mort récente, Édouard Hervé,
appartenait à la même école et à une promotion voisine
sans que rien dans la gravité, dans la fermeté précoce de
son style, révélât une communauté d'origine avec ses trois
prédécesseurs. Un seul lien les rapproche : la saine discipline à laquelle ils ont été soumis de bonne heure, le
goût et l'habitude du travail que leur ont donnés leurs
maîtres. A aucun moment de leur carrière le souvenir de
ces fortes leçons n'a pu gêner le libre essor de leurs facultés individuelles.

Dans les arts, comme dans les lettres, le génie et même
le simple talent se dégagent aisément des liens de l'éducation première pour n'en conserver que la substance, ce

qui leur est vraiment utile, ce qui se concilie avec leur
besoin absolu d'indépendance.

Je ne sais pas exactement, Monsieur, ce que vous dites
à la jeunesse qui travaille sous votre direction. Mais je
vous connais assez pour être assuré que, tout en lui ensei-
gnant le culte du beau, vous l'encouragez surtout à le
chercher, à le trouver par l'effort personnel. La copie
servile, l'imitation froide du beau n'est plus le beau lui-
même. Pour qu'une œuvre d'art se distingue des autres
et touche à la beauté, il faut que l'artiste y mette quelque
chose de soi, comme une part de sa vie et de son âme.

Vous l'avez montré supérieurement dans une des plus
fortes études qui soient sorties de votre plume, dans votre
travail sur Michel-Ange. Celui-là savait reproduire les
formes antiques avec une perfection singulière, comme il
l'a prouvé en restaurant le *Faune dansant* de Florence, le
Gladiateur mourant du Capitole et le *Fleuve* du Vatican.
Mais ces formes qui répondaient aux idées des anciens,
qui n'en étaient que l'enveloppe matérielle, il se gardait
bien de les appliquer à des sujets modernes.

Il les renouvelait constamment par des créations personnelles. Il ne conservait des anciens que la science
des proportions qu'il avait acquise à leur école. Tout
le reste il le tirait de lui-même pour en faire sortir dans
une lutte acharnée contre la matière l'expression de sa
pensée individuelle.

Dans son large développement votre étude dépasse les
proportions du sujet cependant si vaste que vous aviez
choisi. Vous n'écrivez pas seulement l'histoire de Michel-
Ange sculpteur, comme l'annonce votre titre. C'est

l'homme tout entier que vous nous peignez dans sa grandeur épique. Le voici apprenant le dessin chez son premier maître Ghirlandajo, respirant le parfum de l'antiquité au milieu des jardins de Laurent de Médicis et déjà assez habile pour attirer l'attention, pour mériter l'amitié de ce grand connaisseur; admis tout jeune dans la maison hospitalière dont Chantilly nous a rendu l'image, où se rencontraient les esprits les plus distingués de l'Italie; échangeant ses pensées avec Pic de la Mirandole, avec Politien, avec Pulci; initié à l'intelligence du génie grec par les séances de l'Académie Platonicienne; puis arraché brusquement à cette noble vie par la mort foudroyante de Laurent le Magnifique, replié sur lui-même, forcé de reconnaître la vanité des choses, tout prêt à recueillir de la bouche de Savonarole les âpres vérités de l'enseignement biblique.

Le monde païen et le monde chrétien se disputent son cœur. Il va de l'un à l'autre avec la véhémence de son tempérament jusqu'à ce qu'il réussisse à rapprocher dans une sublime harmonie les deux antiquités. C'est à Rome que se fera la fusion, là où depuis le commencement de l'histoire romaine le génie étrusque acquiert toute sa plénitude, où il s'élève au-dessus de ses origines dans un milieu plus fécond et plus puissant. Au moment où Michel-Ange arrivait à Rome, non seulement un grand spectacle, mais un grand Pape l'y attendait, comme pour offrir à sa brillante jeunesse toutes les chances de gloire et de succès.

Jules II était fait pour le comprendre. Il y avait entre leurs deux natures bien des points de ressemblance. Tous deux visaient au grand sans jamais pouvoir réaliser leurs rêves de grandeur ; tous deux souffraient des limites et des obstacles que rencontrait leur ambition. Tentés l'un et l'autre par des projets démesurés, emportés l'un et l'autre, ils se heurtaient quelquefois ; ils soutenaient violemment des opinions contraires ; mais la sympathie et l'admiration survivaient à leurs querelles. L'excitation que produisaient en eux leurs entretiens, même leurs discussions, faisait éclore dans leurs esprits des conceptions gigantesques. Nous devons à leur collaboration orageuse deux merveilles, le *Moïse* qui est devenu à lui tout seul le tombeau de Jules II et la chapelle Sixtine.

La chapelle Sixtine n'appartenait pas directement à votre sujet ; vous l'y rattachez par la plus ingénieuse des observations. Le vulgaire ne voit dans cette création colossale que l'œuvre d'un peintre ; vous y reconnaissez à des signes certains la main d'un sculpteur. Toutes les figures des Prophètes et des Sibylles, quelle que soit la vivacité, la violence même de leurs mouvements, s'y maintiennent dans un équilibre parfait. L'imagination se les représente aisément comme fixées dans le marbre et visibles sous tous leurs aspects.

En revanche dans la chapelle de Saint-Laurent vous reconnaissez l'art du peintre et de l'architecte à la diversité de la lumière, aux effets que produit le jour tombant d'en haut. Le sculpteur livré à ses seules ressources n'aurait pu distribuer avec cette habileté les rayons et les ombres, éclairer certaines parties de l'œuvre, étendre sur l'autre une sorte de voile, mettre sur l'ensemble une impression de mystère.

Vous aimez trop, vous pratiquez trop bien votre art

pour ne pas étudier avec soin tous les procédés dont se
sert Michel-Ange.

Vous nous le montrez dans la fougue de la composition,
avec un dessin jeté sur le papier, une simple esquisse de
cire, regardant le marbre qui lui cache la statue ; puis d'un
mouvement rapide, après avoir tracé au charbon les prin-
cipaux contours, se jetant sur le bloc, se servant de la
pointe pour l'attaquer coup sur coup, enlevant ce qui était
de trop. « Les éclats volaient avec le bruit de la grêle
fouettée par le vent, la pointe faisait jaillir des étincelles
sur le marbre, les coups suivaient les coups... Il semblait
que le souffle rapide et chaud de l'artiste infusât le premier souffle de vie à la dure matière. A mesure que le
marbre se fouillait à la ressemblance de sa pensée, son
ardeur allait croissant et son idée brillait d'une plus vive
lumière... Il semblait que le marbre sentît la puissance
de son dominateur. »

Mais le portrait si vivant du sculpteur en action que tra-
çait avant vous le statuaire italien Dupré ne suffit pas à
votre curiosité. Sous l'artiste vous cherchez l'homme. Qu'y
avait-il au fond de cette âme tourmentée? Vous y décou-
vrez avec tous les dons du génie, tous les scrupules, tout
le travail de perfectionnement du chrétien sur lui-même.
Cette nature violente et fière se faisait à la fin douce,
humble, modeste, par piété, par obéissance à la volonté
divine, pour se rendre digne de retrouver un jour au sein
de Dieu celle qu'il avait tant aimée sur la terre, la belle,
la sainte Vittoria Colonna. L'amour humain idéalisé lui
ouvrait les voies de l'amour divin.

Le chrétien y trouve son compte, mais aussi l'artiste.

L'Académie Platonicienne dont Michel-Ange avait suivi tout jeune les enseignements indiquait à la vie un but analogue sans y mêler toutefois les sévérités du christianisme. Les maîtres de sa jeunesse, Marcile Ficin et Politien, ne lui avaient-ils pas souvent rappelé les paroles du sage? « Rentre en toi-même, fais comme le sculpteur fait pour l'œuvre qu'il veut rendre belle. Retranche tout ce qui est superflu, rends clair ce qui est obscur, porte la lumière partout et ne cesse de ciseler ta propre statue. » N'est-ce pas là ce que la Renaissance italienne appelait du beau nom de *Virtù*, ce qu'un esprit bien différent de Michel-Ange, ce que le plus païen des modernes poursuivait comme l'idéal d'une grande existence? En dehors de toute croyance dogmatique, Gœthe a voulu composer sa vie sur le modèle d'une œuvre d'art. Lui aussi, il a voulu ciseler sa propre statue, éliminer ce qui aurait pu troubler la netteté de sa pensée et la sérénité de son âme, écarter de sa route les Philistins, rester les yeux fixés sur cette lumière intérieure et extérieure qu'il invoquait encore à ses derniers moments.

Il y a assurément dans la doctrine chrétienne quelque chose de plus émouvant, une plus grande part de sacrifices et d'abnégation. Mais la discipline que l'artiste s'impose à lui-même pour ne jamais descendre, pour monter sans cesse vers les sommets, a aussi sa grandeur. Celui qui respecte en sa personne les dons qu'il a reçus, qui même avec une nuance d'égoïsme poursuit la perfection en résistant aux tentations vulgaires, en gardant intactes la fleur de son intelligence et la noblesse de son âme, mérite une place à part dans l'élite de l'humanité.

Je ne crois pas vous faire injure, Monsieur, en vous

attribuant des sentiments dont je trouve l'expression dans
toutes vos œuvres. Si vous me permettez de pénétrer au
fond de vous-même, il me semble découvrir sous la correction des attitudes, sous la tenue parfaite de la vie, une
flamme intérieure, un foyer brûlant d'ardeur et de passion.
A votre tour vous avez contenu bien souvent les élans de
votre nature pour composer votre existence comme une
œuvre d'art. Vous vous êtes partagé entre deux activités
parallèles ordinairement peu compatibles, mais qu'un
heureux don vous permet de concilier, l'esprit critique et
la faculté créatrice. Bien peu de vos contemporains ont
produit autant que vous, aucun non plus n'a tracé d'une
main plus ferme les lois fondamentales de l'esthétique.

Lorsque le feu intérieur vous anime, lorsque le besoin
de créer vous saisit, vous entrez dans votre atelier, vous
pétrissez la terre, vous attaquez le marbre, vous préparez
le modèle pour le bronze et vous en faites sortir des bustes,
des statues, des groupes, quelques-unes de ces créations
délicates ou puissantes qui honorent à un si haut degré la
sculpture contemporaine.

Un jour vous nous représentez les Gracques avec leur
masque tragique de patriciens démagogues. Puis vous nous
montrez la société romaine sous un aspect tout à fait différent dans le groupe chaste et recueilli du Mariage romain.
C'est la Rome antique qui renaît sous vos doigts avec la
gravité, avec la dignité de ses mœurs. La Rome moderne
a son tour avec le geste superbe du faucheur dans la campagne romaine. La légende chrétienne ne vous inspire pas
moins heureusement. Les figures nobles ou attendries de
la Foi, de l'Espérance, de la Charité qui accueillent le visi-

teur dans le vestibule de l'hôtel de Chambrun le pénètrent d'une émotion religieuse. Grâce à vous encore, bien des physionomies glorieuses de notre histoire seront conservées pour la postérité par le bronze ou par le marbre. La statue de Pascal se dresse sur une place de Clermont-Ferrand, en face du puy de Dôme, au cœur de cette Auvergne à la fois volcanique et riante dont ce grand esprit résume si bien en lui la force et la grâce.

Sous votre ciseau Bonaparte revit à tous les âges, depuis les commencements de sa jeunesse pauvre, sombre et inquiète jusqu'aux premiers rayons de la gloire et jusqu'à l'apothéose. Nous ne pouvons oublier non plus ce que vous doit l'Institut lorsque nous retrouvons dans nos salles les bustes toujours fidèles de quelques-uns des membres les plus illustres de notre compagnie; ce que vous doivent l'Église et la Patrie pour avoir fixé dans une œuvre pathétique la physionomie de Mgr Darboy, martyr lamentable de nos discordes civiles.

Votre activité professionnelle ne ralentit pas l'activité de votre pensée. Lorsque votre ciseau se repose, votre esprit et votre plume travaillent. Les physionomies que vous ne pouvez pas nous rendre par la sculpture, vous nous les rendez par vos écrits, aussi nettes, aussi vivantes que si elles étaient taillées dans le marbre. Ainsi reparaissent Charles Blanc, Paul Baudry, Alaux, Barye, et le jeune sculpteur Idrac votre élève, que vous pleurez en maître et en ami. Ce jour-là vous êtes sorti de votre réserve, vous avez levé un coin du voile qui cache aux yeux du public la profondeur de votre sensibilité, la vivacité d'émotions que vous laissez entrevoir quelquefois dans vos entretiens avec vos amis, mais dont vous dédaignez de faire confidence à la foule. Il n'est plus question ici de draper pour la galerie et d'arranger les plis de la statue. C'est votre cœur qui s'ouvre tout entier. Il en sort une plainte déchirante, le cri d'angoisse du croyant épouvanté par les coups soudains de la destinée.

« Quelle catastrophe, disiez-vous sur cette tombe prématurément ouverte, où nous tourner pour échapper à notre cruelle obsession, pour trouver quelque force?... N'est-il pas vrai que le bonheur est redoutable! Oh! vous qui êtes heureux, soyez frappés d'épouvante ou du moins soyez avertis! Ce qui, dans notre vie, touche à la perfection, aussitôt s'écroule. Les heureux, ceux qui sont le plus justement heureux, sont frappés comme des coupables. La félicité la plus pure semble appeler comme un châtiment. Devant une telle iniquité de la destinée, tout notre être se révolte, et l'on en vient à se demander quels sont les desseins du Dieu qui nous brise, qui ne veut pas que nous jouissions des biens qu'il nous a donnés. »

Il semble qu'il soit passé en vous ce jour-là quelque chose de l'esprit des Prophètes et des Pères de l'Église, comme un souvenir lointain de Michel-Ange et de la chapelle Sixtine. La secousse morale est forte, puisqu'elle vous arrache, même à vous qui savez si bien vous contenir et vous posséder, un tel cri de douleur; mais elle ne dure pas. Vous reprenez bientôt votre fermeté accoutumée.

La discipline rigoureuse que vous vous imposez depuis votre jeunesse, votre empire sur vous-même vous rendaient éminemment propre au rôle de directeur. La première condition pour diriger les autres est de savoir d'abord se diriger. Plusieurs gouvernements ont reconnu chez vous cette aptitude spéciale en vous nommant successivement directeur de l'École des Beaux-Arts, directeur général des Beaux-Arts, enfin directeur de l'Académie de France à Rome.

Dans ces hautes et délicates fonctions vous paraissez partout à votre place. Vous connaissez les jeunes artistes, vous savez ce qu'on peut attendre de ces natures fines et sensibles, quelque fois ombrageuses, facilement susceptibles par excès de sensibilité. Vous leur offrez un corps de doctrines très nobles et très élevées que vous avez exposées dans vos belles leçons du Collège de France. Vos idées sont le résultat de méditations et de convictions profondes. Mais vous ne les imposez pas de haut en théoricien de l'absolu. Vous les insinuez dans les esprits avec une grâce aimable. Vous conduisez vos auditeurs par des chemins fleuris, tout parfumés d'atticisme. Ils se sentent, non pas dominés, mais ravis. Vous empruntez pour eux aux diplomates la main gantée de velours et le fil de soie avec lesquels ceux-ci essayent quelquefois de diriger les affaires humaines. Vous êtes bien du reste de leur famille. Votre vie entière est un chef-d'œuvre de diplomatie, depuis votre première négociation, depuis qu'au nom des pensionnaires de la Villa Médicis vous avez traité tout jeune avec Mazzini et fait fléchir sous la caresse de votre parole la volonté du redoutable triumvir.

Cet instinct diplomatique vous permet de vous sentir à l'aise dans tous les milieux, de rester en relation avec tous les gouvernements, quels qu'ils soient, et de conserver auprès d'eux votre influence pour le plus grand profit de l'art. Préoccupé de ce qui manque en général à la culture littéraire et historique des jeunes artistes, vous avez obtenu pour leur instruction la création de chaires magistrales à l'École des Beaux-Arts. Le bienfait de l'éducation classique dont vous vous êtes si bien trouvé vous-même, vous avez voulu le leur rendre pour ouvrir, quand il en est temps encore, à leurs jeunes esprits toutes les sources du beau. Sous un autre régime personne n'a contribué plus que vous à répandre en France l'enseignement populaire du dessin. C'est votre manière personnelle de comprendre et d'aimer la démocratie. Vous la voulez instruite, éclairée, sensible aux beautés de l'art, athénienne ou florentine. Vous entrez résolument dans le grand courant démocratique de la France moderne sans rien abandonner de ce qui était la parure de la France d'autrefois.

Lui aussi était bien de son temps, le noble Prince dont vous occupez la place aujourd'hui. Ce descendant de la famille royale la plus ancienne et la plus illustre de l'Europe avait trouvé également dans son héritage les souvenirs de l'Assemblée Constituante, de Valmy et de Jemmapes. Il avait eu pour camarades sur les bancs du collège Henri IV les enfants de Paris, pour compagnons d'armes en Algérie les paysans, les prolétaires, les fils du peuple. Bien peu de ses contemporains avaient pénétré aussi avant que lui au fond des cœurs populaires. Aussi quelle hauteur de vues, quelle liberté de jugement, quelle indépendance à l'égard du passé! Il le connaissait supérieurement, il en respectait, il en admirait toutes les gloires. Mais aucun préjugé, aucun malentendu ne le séparaient de la France moderne.

Quelle qu'elle fût, elle restait toujours la France, la patrie que ses ancêtres avaient contribué à fonder, dont il comprenait les besoins nouveaux, les ardeurs, même les emportements. On le vit bien en 1848. La Révolution de Février le surprenait en pleine gloire, au lendemain d'un succès éclatant. En recevant la soumission d'Abdel-Kader il venait de mettre fin à une lutte longue et sanglante, d'assurer à son pays la possession incontestée d'une colonie magnifique, il était le chef adoré d'une armée de cent mille combattants. Son frère, le prince de Joinville, commandait dans la Méditerranée une flotte imposante. Ni l'un ni l'autre n'hésita cependant. Le devoir leur parut clair, impérieux : ne pas opposer le passé au présent, ne pas diviser la patrie.

Pour comprendre toute l'étendue de ce sacrifice, entrons un instant, Messieurs, dans la pensée de deux princes amoureux de la gloire militaire, passionnés pour le métier des armes, ayant rêvé de porter un jour sur d'autres champs de bataille le drapeau national, d'ajouter quelques noms glorieux à la glorieuse histoire de la maison de France. La veille toutes les espérances étaient permises à leur ardente jeunesse, le lendemain tous les rêves allaient s'évanouir dans la tristesse de l'exil, dans la douleur de l'inaction. Les épées à peine sorties du fourreau allaient y rentrer pendant de longues années.

Le duc d'Aumale aimait trop son pays et ses compagnons d'armes pour ne pas éprouver en se séparant d'eux le plus cruel déchirement, mais il avait aussi l'âme trop haute pour laisser échapper une plainte ou un regret. Dans aucune des épreuves de sa vie, personne ne l'a vu faiblir.

Il savait souffrir en silence, opposer à toutes les surprises
de la fortune le stoïcisme d'un cœur vaillant.

Si pendant votre premier séjour à la Villa Médicis vous
aviez poussé, Monsieur, jusqu'à Naples, vous auriez pu y
rencontrer le duc d'Aumale exilé qui y recevait l'hospitalité du roi, son parent. Le souvenir de ses campagnes
d'Afrique, son air martial, sa dignité simple lui avaient ga-
gné les cœurs des Napolitains. Le peuple se pressait
volontiers sur son passage pour le saluer et pour l'accla-
mer. Mais ni cette popularité nouvelle, ni la beauté du cli-
mat, ni la séduction des environs de Naples ne pouvaient
détacher son esprit de la patrie lointaine. Plus d'une fois
j'ai surpris son regard fixé avec mélancolie sur les trois
couleurs qui flottaient à la poupe du stationnaire français.
Pendant vingt-trois ans il ne devait revoir la patrie que
dans les plis du drapeau aperçu de loin en loin sur la terre
étrangère.

A ce séjour de Naples se rattache une anecdote que le
duc d'Aumale aimait à raconter parce qu'elle honore une
personne de sa famille. En même temps que lui se trouvait
à la Cour Mme la duchesse de Parme, sœur du comte de
Chambord. Tous deux avaient joué enfants aux Tuileries,
mais la Révolution de 1830 les avaient séparés. Le Prince,
ne sachant pas s'il plairait à sa cousine de le reconnaître,
demeurait sur la réserve. Le hasard les mit en présence.
Un jour, à une fête que donnait le roi dans sa résidence
de Caserte, les deux cousins se trouvèrent l'un à côté de
l'autre en montant le grand escalier. Sans préambule la
Duchesse prit le bras du Prince et lui dit à haute voix :
« Aumale, ne trouvez-vous pas que cela ressemble à Ver-

sailles ? » En pays étranger il avait suffi d'un souvenir de France pour rapprocher ces deux âmes françaises.

Qu'elles s'écoulèrent lentes et longues les années d'exil, passées presque tout entières en Angleterre ! La cour et la haute société anglaise entouraient le Prince des plus grands égards. Lui-même s'était créé à Twickenham un foyer où les amis de France apportaient l'air de la patrie. Les exercices physiques, la lecture, les arts, l'étude de l'histoire, la vie de famille remplissaient les journées. Jamais ce vif esprit ne demeurait inactif, mais involontairement il restait toujours tendu vers les nouvelles de France.

Il y eut des moments où le cœur du duc d'Aumale se trouva partagé entre des sentiments contraires. Il ne pouvait se dissimuler que la gloire militaire consolidait l'Empire qui le retenait en exil. Mais d'autre part quelle joie, qnel orgueil d'apprendre le succès des armes françaises en Crimée ! Que de regrets en même temps ! Cette armée victorieuse, l'armée de l'Alma et d'Inkermann, c'était la même que le prince avait préparée et commandée. Tous ses lieutenants étaient à l'honneur, Saint-Arnauld, Canrobert, Pélissier, Bosquet, Mac Mahon. Lui seul n'avait pu partager les dangers et la gloire de ses compagnons d'armes. Il semblait qu'on lui fît un tort personnel, qu'on lui prît une part de son bien et de ses droits lorsque des Français se battaient sans lui. C'est le sentiment qui l'amenait à la frontière en 1870, pour offrir ses services au gouvernement de la Défense Nationale. Il ne sollicitait ni faveur, ni commandement, il ne demandait qu'un poste de combat.

Au fond il était né pour l'action, pour la vie du soldat. Ses années d'Afrique restaient les rayons de soleil de sa jeunesse, celles où il avait vécu d'un bonheur sans mélange, tout entier à des devoirs qu'il aimait. Préparer avec soin une expédition, puis marcher devant soi dans des pays pittoresques et inconnus, coucher sous la tente, près des feux du bivouac, se sentir entouré de gens de cœur, s'enivrer comme eux de l'odeur de la poudre, mettre en commun avec eux fatigues, périls et gloire, voilà ce qu'il avait fait dès l'âge de dix-huit ans, ce qu'il eût recommencé avec enthousiasme à toutes les époques de sa vie.

Aussi fut-il profondément touché lorsque le gouvernement réparateur de M. Thiers lui rendit son épée et le nomma Commandant du 7ᵉ corps. A la tête de ses troupes il donna l'exemple de toutes les qualités et de toutes les vertus militaires. Le souvenir de son commandement reste vivant dans l'armée. On s'y rappelle encore son activité, sa fermeté, l'ascendant personnel qu'il exerçait sur les hommes. Sous un tel chef les troupes se sentaient entraînées. En peu d'années une grande œuvre était menée à bien, l'organisation de la défense sur la frontière de Besançon à Belfort.

L'inspection d'armée ouvrait au duc d'Aumale des perspectives plus étendues en lui permettant de voir de ses yeux sur tous les points du territoire le relèvement de nos forces militaires. Un jour je le trouvai rayonnant. Par une splendide journée d'été il avait fait manœuvrer plusieurs régiments, au pied du puy de Dôme, sur le vaste plateau qui commence à la Fontaine du Berger. Les mouvements s'étaient exécutés avec précision, les troupes avaient été superbes d'élan et d'endurance. Le soir une expression de joie éclairait le visage du prince. « Je les ai retrouvés aujourd'hui, me disait-il, mes soldats d'autrefois, disciplinés, alertes, vigoureux. Pas un traînard sur les routes. L'armée française se refait. »

L'armée française, l'objet de son culte dans le présent, de son admiration dans le passé ! C'est en pensant à elle qu'il a élevé son monument historique. Les Condé étaient surtout des hommes de guerre, les plus grands souvenirs qui nous restent du plus grand d'entre eux sont des souvenirs de victoires. Leur historien ne néglige rien de ce qui les concerne, il connaît leurs alliances, leur diplomatie, leur politique, leurs goûts intellectuels. Mais chaque fois qu'il touche à leurs actions militaires le récit s'anime davantage, une émotion secrète en pénètre toutes les parties. On sent que l'auteur s'identifie avec ses héros, qu'il passe après eux par toutes les péripéties du drame ; prévoyant et réfléchi avant le combat, plein d'audace et de feu au moment de l'exécution.

Nous avons eu plusieurs fois à l'Académie Française la primeur de ces beaux épisodes. Le Prince choisissait avec prédilection pour nous les lire les récits de batailles : Rocroi, le combat du Faubourg Saint-Antoine, le combat de Bléneau. Il les lisait d'une voix grave et recueillie. Nous l'écoutions suspendus à ses lèvres, admirant l'art sévère de la composition, la sûreté de la méthode, la précision du détail, et de temps en temps les grandes échappées, les vues générales indiquées d'un trait sobre et vigoureux. Pas de phrases, pas d'épithètes sonores. Des faits et des pensées, une ordonnance toujours claire, un style toujours ferme et net. Telle est la physionomie des sept volumes qui font compter le duc d'Aumale parmi nos meilleurs historiens.

Avec toutes les qualités qui sont nécessaires à l'étude de l'histoire, avec le souci de la vérité, la volonté et les moyens d'être bien informé, le Prince possédait un instrument de travail d'une grande puissance, une mémoire infatigable et sûre. Vous n'avez pas oublié, Messieurs, nos longues conversations devant la cheminée de notre salle des séances ou dans la bibliothèque de Chantilly.

Nous étions émerveillés de tout ce que savait le duc d'Aumale, de l'abondance et de l'exactitude des détails qui donnaient tant de saveur à ses récits. Les livres lui avaient beaucoup appris, les hommes encore plus. Ce fut pour lui un grand avantage d'avoir été formé par deux maîtres aussi instruits, par deux esprits aussi vigoureux, que le roi Louis-Philippe et Cuvillier-Fleury, de connaître tout jeune aux Tuileries presque tous ceux qui honoraient la France dans la politique, dans la diplomatie, dans l'armée, dans les sciences, dans les lettres et dans les arts. Il aima leur société, il la compléta par ses relations personnelles à l'étranger.

En reconstruisant le château de Chantilly, il revit par la pensée ce que le Grand Condé avait fait de cette noble résidence, déjà remplie d'objets d'art, peuplée en même temps d'hôtes illustres. Dans la galerie des Batailles, en face des peintures commencées, avaient passé toutes les gloires du siècle de Louis XIV, les soldats qui avaient servi sous Monsieur le Prince, Boufflers, Créqui, Luxembourg; les hommes mêlés aux grandes affaires de l'État,

Colbert et Arnauld de Pomponne ; les princes de la maison
royale de France, les grands seigneurs de tous les pays,
les ambassadeurs des puissances étrangères, les grands
écrivains, Boileau, Racine, La Fontaine, Molière, Bossuet,
Malebranche, Fénelon, La Bruyère, Bourdaloue.

Lorsque nous admirons dans le septième volume de
l'*Histoire des Princes de Condé* le tableau si vivant et si coloré que trace le duc d'Aumale des dernières années de
Monsieur le Prince à Chantilly, nous ne pouvons nous défendre de faire un rapprochement. L'historien lui-même
nous le suggère involontairement. En cherchant à reproduire avec une scrupuleuse exactitude l'image du passé, il
dessine en quelque sorte le plan idéal d'une grande existence, telle qu'il la concevait à Chantilly, surtout dans les
années de plein épanouissement et de pleine confiance qui
ont précédé la douleur du second exil.

Lui aussi, il aimait à rassembler autour de lui dans des
fêtes magnifiques, dans des chasses à courre ou à tir, souvent même dans des réunions plus intimes, ses camarades
des armées de terre et de mer qu'il accueillait toujours
avec tant de cordialité, les hommes d'État de tous les pays
et de tous les partis, les princes de sa maison et des mai-
sons souveraines de l'Europe, les grands seigneurs français et étrangers, les artistes, les savants, les écrivains.
Les portes de Chantilly s'ouvraient toutes grandes devant
ceux qui honoraient la France ou l'humanité. Comme au
temps du Grand Condé, les opinions et les partis s'y fon-
daient dans une hospitalité égale pour tous. Chez Monsieur
le Prince, au XVIIe siècle, les anciens adversaires se mê-
laient aux vieux amis, les huguenots coudoyaient les catho-

liques, les cartésiens et les prélats conversaient avec les esprits forts. Deux cents ans plus tard, les chrétiens et les libres penseurs, les orléanistes, les légitimistes, les républicains se rencontraient chez le duc d'Aumale sans le moindre embarras, sur un pied de parfaite égalité, sans qu'une nuance trahît les préférences du maître de la maison.

En eux il ne voyait que des enfants de la grande patrie, qui la servaient à leur manière, dans la liberté de leur conscience, dans la diversité de leurs talents ou de leurs vertus. C'est ce noble éclectisme, cette largeur de vues, qui rendaient si chers au duc d'Aumale ses confrères de l'Institut. Nous pouvons le dire sans être accusés de vanité, parce qu'il le disait lui-même. Avec notre passé séculaire, avec la force de nos traditions, avec les instincts de rajeunissement qui rapprochent constamment chez nous des plus grands noms et des plus vieilles gloires l'élite des talents nouveaux, nous lui apparaissions comme l'image de la France ancienne et moderne.

Nous avions aussi aux yeux de notre illustre confrère le mérite spécial de durer, de traverser les révolutions sans en mourir, de représenter sur le sol mouvant de la patrie française, quelque chose de stable et de permanent, comme la dernière assise de notre société. En léguant à l'Institut, par une résolution préparée de longue date et longtemps mûrie, le château reconstruit, décoré par ses soins, le domaine des Condé constamment embelli, le duc d'Aumale voulait assurer à l'œuvre de ses prédécesseurs, à la sienne, toutes les chances de durée que comportent les choses humaines. Il entendait aussi par sa donation conserver à

l'ensemble le caractère d'unité et d'harmonie qu'il y avait
imprimé.

Unité, harmonie! ces mots ne sont-ils pas contredits
par l'irrégularité du rocher sur lequel repose le château?
C'est ici précisément qu'apparaît le caractère personnel
donné par le Prince à son œuvre. Il remerciait plaisam-
ment la Révolution de l'avoir débarrassé des constructions
massives d'autrefois. On ne lui laissait que le roc nu et des
substructions.

Il en avait profité pour élever, grâce au concours d'un
de nos plus habiles confrères, un édifice d'un genre nouveau, dont il régla lui-même les dispositions intérieures et
extérieures. Dans la construction nouvelle, tout porte la
marque de ses préférences et de son goût. Chaque fenêtre
s'ouvre sur une perspective différente, tandis que de
chaque côté du parc et des jardins on aperçoit un aspect
différent du château. L'unité d'impression résulte ainsi du
charme constant de la variété.

A l'intérieur, il n'y a pas un arrangement, pas un détail
qui n'aient été voulus par le Prince. Le choix des œuvres
d'art achetées souvent à grands frais pour que la France
en restât ou en devînt propriétaire, l'emplacement qui
convenait le mieux à chacune d'elles, tout avait été calculé
par lui. Il laissait ainsi son empreinte individuelle sur
toutes les parties de sa création. Il nous léguait, non pas
un musée dans le sens administratif et didactique du mot,
quelque chose de froid et d'éteint, mais une œuvre vivante,
la demeure la mieux faite pour satisfaire les goûts élégants
d'un prince, d'un lettré et d'un artiste.

Dans ce cadre de pierre et de verdure nous le verrons

toujours lui-même, accueillant ses hôtes en haut de l'escalier d'honneur, les promenant partout, leur racontant au besoin l'histoire de chaque tableau, de chaque tapisserie, de chaque meuble; leur indiquant les points de vue, leur offrant au milieu de tant d'objets de luxe le plus précieux de tous les luxes, le commerce d'un grand esprit.

Tout cela se voyait, Messieurs. C'est là l'image extérieure de notre illustre confrère. Mais je voudrais pénétrer plus avant, vous faire lire dans cette âme admirable. Il n'y en a pas eu de plus haute en notre siècle. Ni les souffrances, ni les épreuves ne l'ont épargné. Il a perdu successivement la compagne si aimée de sa vie, tous ses enfants, son épée, son grade. Deux fois il a été privé de ce qu'il aimait le plus au monde, sa patrie. Sous le vent du malheur il restait inébranlable, debout, le front haut, le regard assuré, en Romain. Excepté un cri d'indignation superbe arraché au vieux soldat par la violation de la charte de l'armée, aucune parole amère, aucune plainte ne sortaient de ses lèvres.

Si ses yeux se voilaient de mélancolie en traversant la frontière, si avec une douleur infinie il voyait s'éloigner la terre de France, l'esprit demeurait ferme; il ne se répandait pas en vaines paroles, il n'accusait personne, il ne voulait se venger de personne. Il ne permettait même pas qu'on prononçât devant lui les noms de ceux qui avaient répondu à ses bienfaits par leur ingratitude: son unique vengeance était de ne jamais parler d'eux. Son âme planait au-dessus de ces misères dans des régions supérieures où aucune amertume ne se mêlait à la sérénité habituelle de ses pensées. Le moment qu'il choisissait pour donner de

son vivant Chantilly à la France était celui-là même où les
portes de la France lui étaient fermées pour la seconde fois
par un ordre d'exil. Pendant qu'on lui interdisait le sol de
sa patrie il ne songeait qu'à la combler de ses dons. Il se
consolait de la tristesse du présent par la vision magnifique
de l'avenir qu'il préparait. Quoiqu'il arrivât d'ailleurs il se
sentait supérieur aux événements, sûr de la pureté de ses
intentions, confiant dans les retours de la justice divine,
sachant bien qu'un jour Dieu qui voit tout lui ferait sa
part.

L'heure de la réparation est venue tardive, mais éclatante. Ses dernières années ont été entourées d'un respect
universel. Il apparut alors à ses contemporains comme
s'il était déjà entré dans la postérité, jeune encore par la
vigueur de l'esprit et par la grâce du langage, et cependant d'une autre taille, d'une autre envergure que les
hommes de nos jours : exemplaire presque unique de ce
qu'une grande race et un grand pays peuvent produire
de plus élevé. A la fin, tandis que les chefs de l'armée le
saluaient de l'épée, en défilant devant son cercueil, le
peuple de Paris lui faisait les funérailles d'un grand
citoyen, la France entière pleurait en lui un de ses plus
nobles enfants, un de ceux qui représentent le mieux
dans notre histoire les plus solides et les plus brillantes
qualités du génie français.

Paris — Typ. de Firmin-Didot et C⁽ᵉ⁾, imp. de l'Institut, rue Jacob, 56. — 37170.

www.ingramcontent.com/pod-product-compliance
Lightning Source LLC
LaVergne TN
LVHW021817170726
843503LV00007B/3226

* 9 7 8 2 3 2 9 6 7 3 5 0 9 *